Impressum
Verlag: BABADADA GmbH, Nedderfeld 112 , 22529 Hamburg
Geschäftsführer / Verlagsleitung: Harald Hof
Druck: Books on Demand GmbH, In de Tarpen 42, 22848 Norderstedt

Imprint
Publisher: BABADADA GmbH, Nedderfeld 112 , 22529 Hamburg, Germany
Managing Director / Publishing direction: Harald Hof
Print: Books on Demand GmbH, In de Tarpen 42, 22848 Norderstedt

aji
klaslokaal

raba
delen

186/2

allo
bord

filin makaranta
speelplaats

malami
leerkracht

takarda
papier

rubuta
schrijven

alkalami
pen

babban teburi
bureau

rula
liniaal

littafi
boek

dalibi
leerling

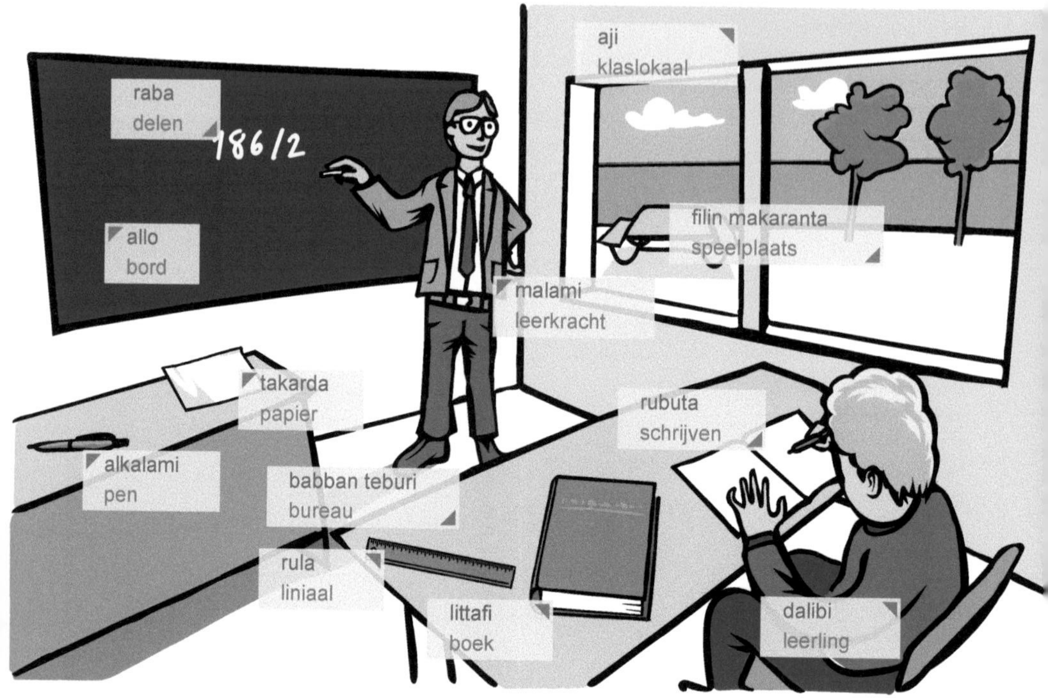

jakar makaranta

schooltas

gidan fensir

pennenzak

fensir

potlood

abin fike fensir

puntenslijper

kilina

gom

kwalin zane

tekenblok

zane

tekening

burushin fenti

verfborstel

gwangwanin fenti

verfdoos

almakashi

schaar

gam

lijm

littafi aiki

werkboek

aikin gida

huiswerk

lamba

nummer

kara

optellen

debe

aftrekken

yi sau

vermenigvuldigen

kwakuleta

rekenen

wasika

letter

harafi

alfabet

kalma

woord

rubutu

tekst

karanta

Lezen

alli

krijt

darasi

les

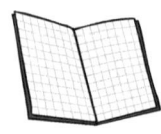

rijista

klassenboek

jarabawa

examen

satifiket

certificaat

kayan makaranta

schooluniform

ilimi

onderwijs

kundin ilimi

encyclopedie

jami'a

universiteit

madubin kimiyya

microscoop

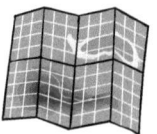

taswira

kaart

kwandon shara

papiermand

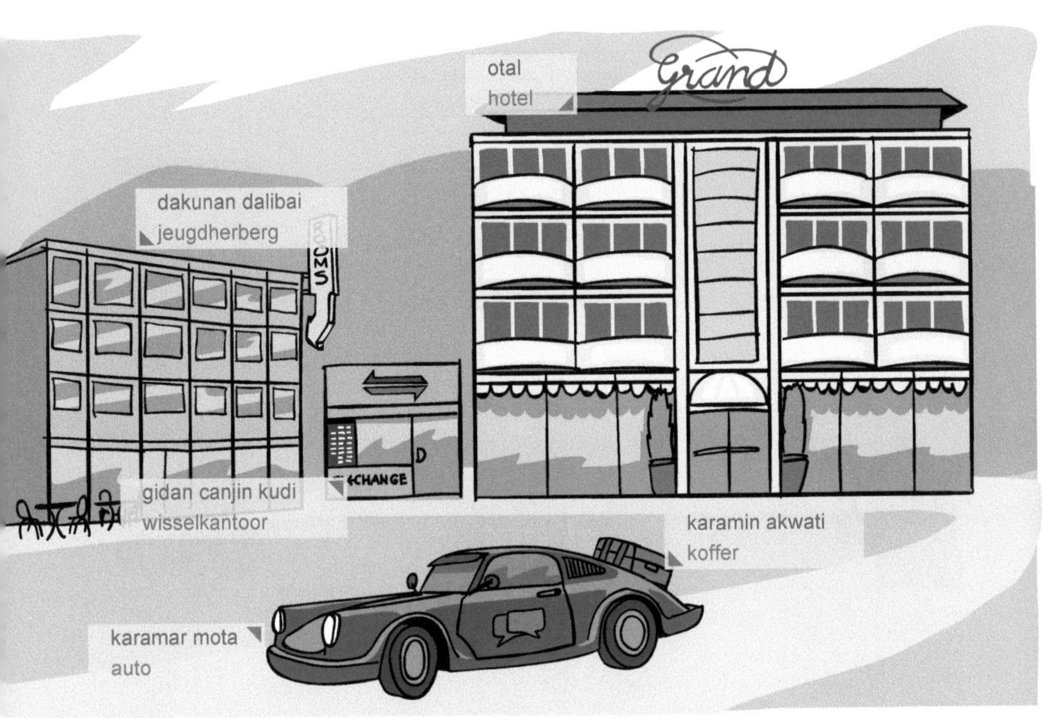
Grand
otal
hotel
dakunan dalibai
jeugdherberg
ROOMS
gidan canjin kudi
wisselkantoor
EXCHANGE
karamin akwati
koffer
karamar mota
auto

yare
Taal

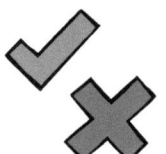

e/a'a
ja / nee

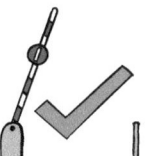

Ya yi
oké

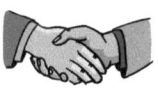

barka dai
hallo

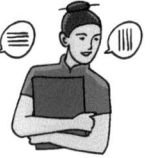

mai fassara
vertaler

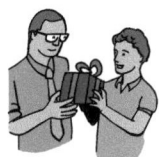

Na gode
bedankt

nawa ne…?

Hoeveel kost …?

ban gane ba

Ik begrijp het niet

matsala

probleem

Barka da yamma!

Goedenavond!

Ina kwana!

Goedemorgen!

barka da dare!

Goedenavond!

sai an jima

Tot ziens

alkibla

richting

kaya

bagage

jaka

zak

jakar goyawa

rugzak

bako

gast

daki

kamer

jakar barci

slaapzak

tanti

tent

bayanin dan yawon bude-ido
....
toeristeninformatie

bakin ruwa
....
strand

katin banki
....
kredietkaart

karin kumallo
....
ontbijt

abincin rana
....
lunch

abincin dare
....
avondeten

tikiti
....
ticket

daga
....
lift

hatimi
....
postzegel

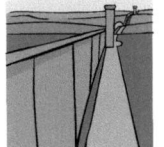

iyaka
....
grens

kudin fiton kaya
....
douane

ofishin jakadanci
....
ambassade

biza
....
visum

fasfo
....
paspoort

transport

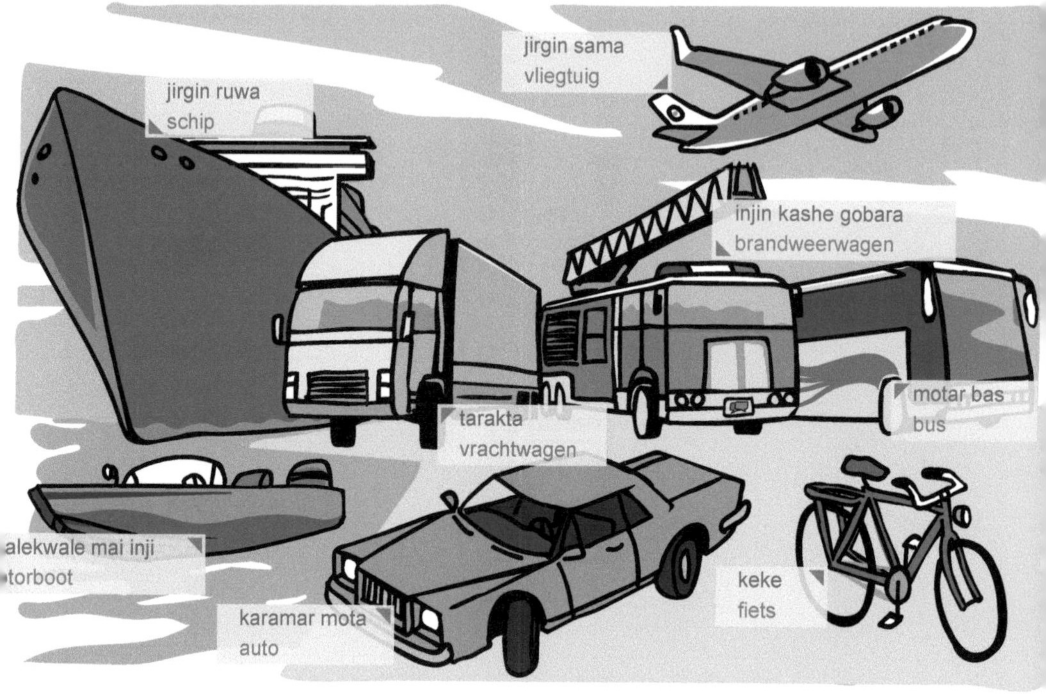

jirgin sama
vliegtuig
jirgin ruwa
schip
injin kashe gobara
brandweerwagen
motar bas
bus
tarakta
vrachtwagen
alekwale mai inji
torboot
keke
fiets
karamar mota
auto

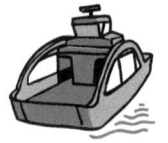

karamin jirgin ruwa

veerboot

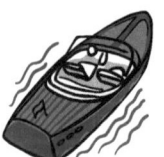

kwalekwale

boot

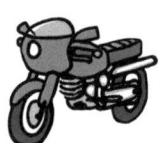

babur

motor

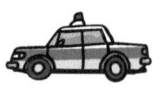

motar 'yansanda

politiewagen

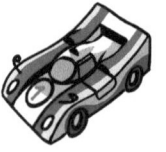

motar tsere

racewagen

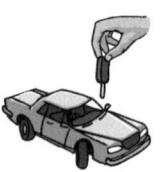

motar haya

huurauto

tarayyar karamar mota

carpoolen

babbar mota da ta lalace

sleepwagen

motar shara

vuilniswagen

mota

motor

mai

benzine

gidan mai

benzinestation

alamar titi

verkeersbord

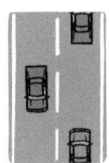

zirga-zirga

verkeer

cunkoson ababen hawa

file

wurin ajiye mota

parkeerplaats

tashar jirgin kasa

station

filin tsere

sporen

jirgin kasa

trein

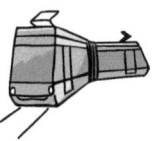

jirgin kasa mai kyabil

tram

keken doki

wagon

helikwafta

helikopter

filin jirgin sama

luchthaven

hasumiya

toren

fasinja

passagier

mazubi

container

kwali

karton

amalanke

kar

kwando

mand

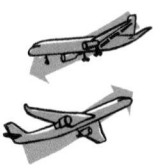

tashi / sauka

opstijgen / landen

stad

kauye

dorp

tsakiyar birni

stadscentrum

gida

huis

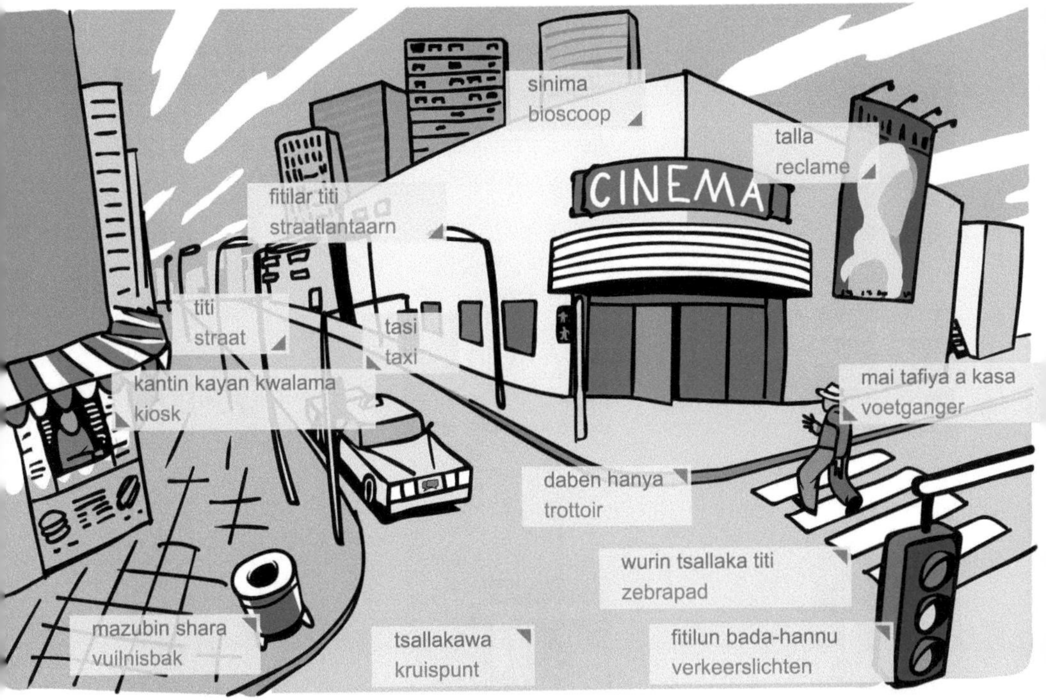

sinima
bioscoop

talla
reclame

fitilar titi
straatlantaarn

titi
straat

tasi
taxi

CINEMA

mai tafiya a kasa
voetganger

kantin kayan kwalama
kiosk

daben hanya
trottoir

wurin tsallaka titi
zebrapad

mazubin shara
vuilnisbak

tsallakawa
kruispunt

fitilun bada-hannu
verkeerslichten

bukka
....
hut

shafaffe
....
woning

tashar jirgin kasa
....
station

dakin taro
....
stadshuis

gidan kayan tarihi
....
museum

makaranta
....
school

jami'a

universiteit

banki

bank

asibiti

ziekenhuis

otal

hotel

kantin magani

apotheek

ofis

kantoor

kantin littattafai

boekwinkel

kanti

winkel

mai sayar da furanni

bloemenwinkel

babban kanti

supermarkt

kasuwa

markt

kanti mai sassa

warenhuis

shagon sayar da kifi

vishandelaar

wurin sayayya

winkelcentrum

matsayar jiragen ruwa

haven

ma'ajiyar motoci

park

benci

bank

gada

brug

kafar bene

trap

karkashin kasa

metro

ramin karkashin kasa

tunnel

matsayar bas

bushalte

mashaya

bar

gidan abinci

restaurant

akwatin sakonni

brievenbus

alamar titi

straatnaambord

mitar ajiye motoci

parkeermeter

gidan namun daji

zoo

kwamin iyo

zwembad

masallaci

moskee

gona
boerderij

gurbata
milieuverontreiniging

makabarta
kerkhof

coci
kerk

filin wasanni
speelplaats

dakin bauta
tempel

landschap

ganye
blad

turken alama
wegwijzer

hanya
weg

makiyaya
weide

dutse
steen

mai tattaki
wandelaar

bishiy
boom

korama
rivier

ciyawa
gras

fure
bloem

kwazazzabo

vallei

tudu

heuvel

tafki

meer

daji

bos

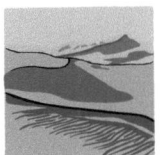

hamada

woestijn

amon dutse

vulkaan

fada

kasteel

bakan-gizo

regenboog

malafar jaki

paddenstoel

bishiyar kwakwar manja

palmboom

sauro

mug

kuda

vlieg

tururuwa

mier

zuma

bijl

gizo

spin

burgunguma

kever

kwado

kikker

kurege

eekhoorn

bushiya

egel

zomo

haas

mujiya

uil

tsuntsu

vogel

agwagwar ruwa

zwaan

aladen daji

wild zwijn

namijin barewa

hert

kanki

eland

dam

dam

lantarki mai iska

windturbine

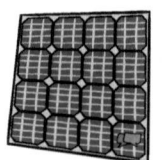

farantin hasken rana

zonnepaneel

yanayi

klimaat

sabis
ober

jerin abinci
menu

kujera
stoel

miya
soep

fiza
pizza

kyallen rufe tuburi
tafelkleed

wuka da cokula
bestek

makunni
voorgerecht

babban abinci
hoofdgerecht

kayan zaki
nagerecht

kayan sha
drankjes

abinci
eten

kwalba
fles

abincin tafi-da-gidanka

fastfood

abincin titi

street food

tukunyar shayi

theepot

kwanon sikari

suikerpot

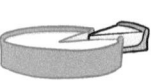

gutsire

portie

injin hada kofi

espressomachine

kujera mai tudu

kinderstoel

doka

rekening

tire

dienblad

wuka

mes

cokali mai yatsu

vork

cokali

lepel

cokalin shayi

theelepel

kyallen cin abinci

serviette

gilashi

glas

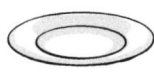

faranti

bord

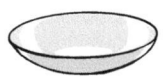

farantin miya

soepbord

farantin kofi

schoteltje

hadin dandano

saus

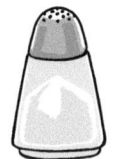

mazubin gishiri

zoutvatje

abin nikan yaji

pepermolen

lamurje

azijn

mai

olie

kayan dandano

kruiden

miyar tumatir

ketchup

mustad

mosterd

mayonnaise

mayonaise

supermarkt

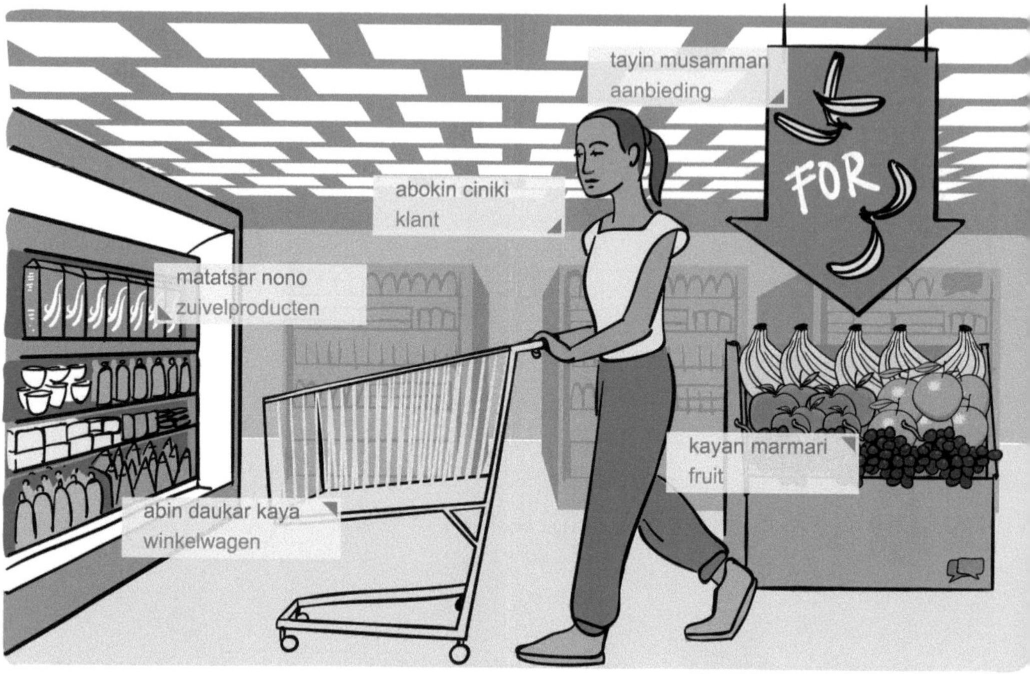

tayin musamman
aanbieding
FOR
abokin ciniki
klant
matatsar nono
zuivelproducten
kayan marmari
fruit
abin daukar kaya
winkelwagen

BUTCHERS

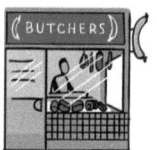

na mahauci

slagerij

BAKERY

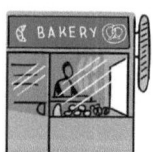

shagon mai burodi

bakkerij

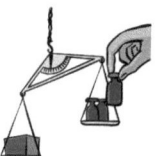

auna nauyi

wegen

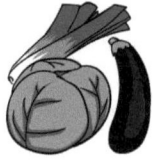

kayan lambu

groenten

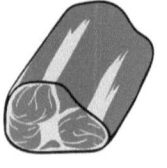

nama

vlees

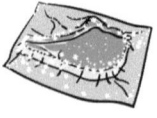

darkararren abinci

diepvriesvoedsel

nama mai sanyi

charcuterie

abincin gwangwani

conserven

garin sabulun wanki

waspoeder

alewa

snoep

kayan amfanin gida

huishoudproducten

kayan tsafta

schoonmaakproducten

mai sayarwa

verkoopster

haro

kassa

mai biyan kudi

kassier

jerin kayan sayayya

boodschappenlijstje

sa'o'in budewa

openingstijden

alabe

portefeuille

katin banki

kredietkaart

jaka

tas

jakar roba

plastieken zakje

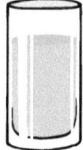

ruwa

water

ruwan 'ya'yan itace

sap

madara

melk

coke

cola

barasa

wijn

giya

bier

barasa

alcohol

koko

cacao

shayi

thee

kofi

koffie

bakin kofi

espresso

kofi mai madara

cappuccino

ayaba

banaan

tufa

appel

lemon zaki

sinaasappel

kankana

meloen

lemon tsami

citroen

karas

wortel

tafarnuwa

knoflook

gora

bamboe

albasa

ajuin

kunnen-jaki

champignon

dangin gyada

noten

dangin taliya

noodles

sufageti

spaghetti

shinkafa

rijst

man salak

salade

sala-sala

frieten

soyayyen dankali

gebakken aardappelen

fiza

pizza

hambaga

hamburger

sanwich

sandwich

kwan nama

kalfslapje

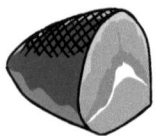

naman alade

ham

salami

salami

kilishin turawa

worst

kaza

kip

gashi

braden

kifi

vis

kamun oats

havervlokken

muesli

muesli

kwamfiles

cornflakes

fulawa

bloem

fanke

croissant

yankan burodi

pistolet

burodi

brood

gashi

toast

biskit

koekjes

bota

boter

man shanu

kwark

kek

taart

kwai

ei

soyayyen kwai

spiegelei

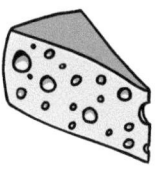

cuku

kaas

askirim

ijs

sikari

suiker

zuma

honing

jam

confituur

cakuletin shafawa

choco

kori

curry

gidan gona
boerderij

rumbu
schuur

damin karmami
strobaal

fili
veld

doki
paard

tirela
aanhangwagen

dan doki
veulen

tarakta
tractor

jaki
ezel

tumaki
schaap

dan tunkiya
lam

akuya
geit

saniya
koe

maraki
kalf

alade
varken

dan alade
biggetje

bajimi
stier

dinya

gans

agwagwa

eend

dan tsako

kuiken

kaza

kip

zakara

haan

bera

rat

kyanwa

kat

bera

muis

takarkari

os

kare

hond

dakin kare

hondenhok

bututun lambu

tuinslang

bokitin ban-ruwa

gieter

ashasha

zeis

garma

ploeg

lauje

sikkel

fartanya

schoffel

cebur mai yatsu

hooivork

gatari

bijl

wilbaro

kruiwagen

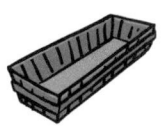

mazubin abincin dabbobi

trog

gwangwanin madara

melkkan

buhu

zak

shinge

hek

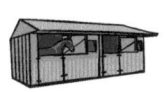

barga

stal

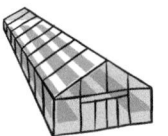

koren-gida

broeikas

rairai

bodem

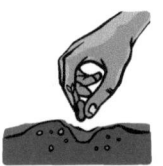

iri

zaad

taki

mest

injin girbi da sussuka

maaidorser

girbe

oogsten

girbi

oogst

doya

yam

alkama

tarwe

waken soya

soja

dankali

aardappel

dawa

maïs

furen mai

koolzaad

bishiyar kayan marmari

fruitboom

rogo

maniok

hatsi

graan

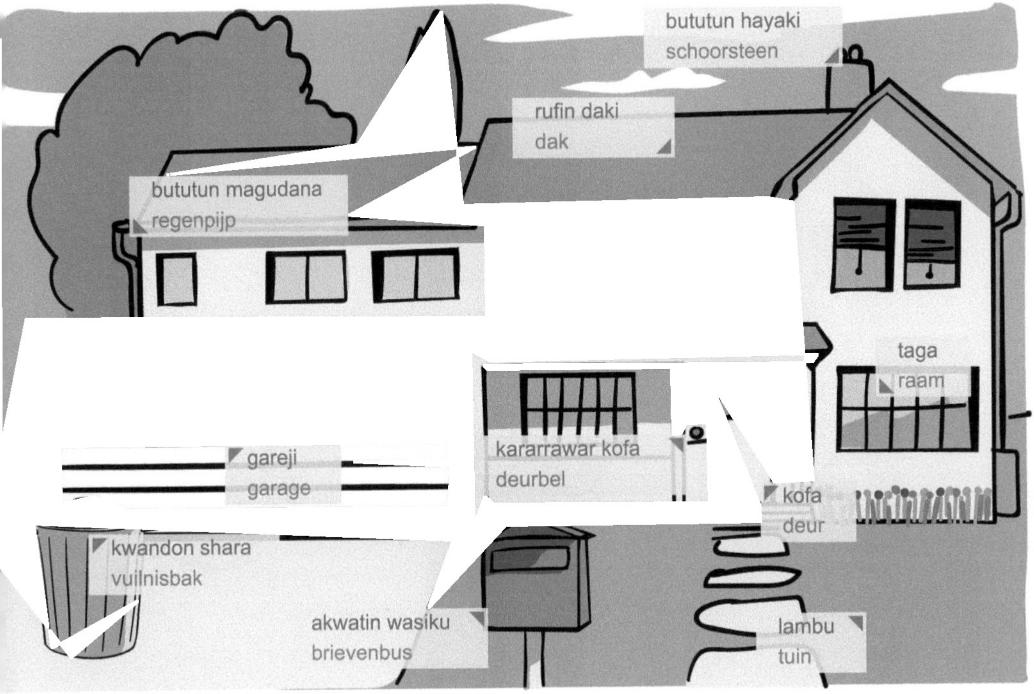

bututun hayaki
schoorsteen

rufin daki
dak

bututun magudana
regenpijp

taga
raam

gareji
garage

kararrawar kofa
deurbel

kofa
deur

kwandon shara
vuilnisbak

akwatin wasiku
brievenbus

lambu
tuin

falo

woonkamer

dakin wanka

badkamer

kicin

keuken

dakin kwana

slaapkamer

dakin yaro

kinderkamer

dakin cin abinci

eetkamer

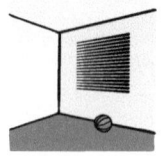

dabe
....
vloer

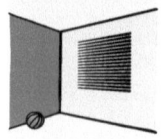

bango
....
muur

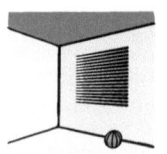

sili
....
plafond

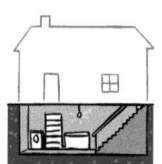

dakin karkashin kasa
....
kelder

wurin wankan dumi
....
sauna

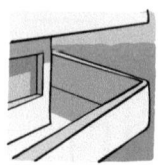

barandar bene
....
balkon

baranda
....
terras

gulbin ninkaya
....
zwembad

injin yanke ciyawa
....
grasmaaier

kwano
....
dekbedovertrek

zanen gado
....
dekbed

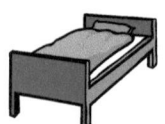

gado
....
bed

tsintsiya
....
bezem

bokiti
....
emmer

makunni
....
schakelaar

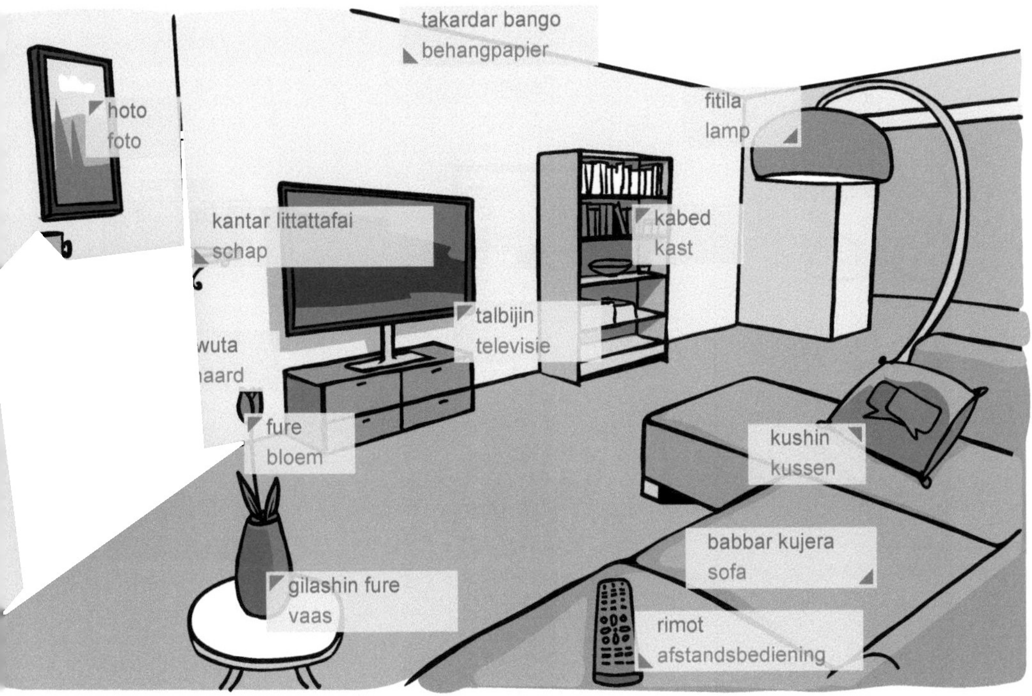

takardar bango
behangpapier

hoto
foto

fitila
lamp

kantar littattafai
schap

kabed
kast

wuta
haard

talbijin
televisie

fure
bloem

kushin
kussen

babbar kujera
sofa

gilashin fure
vaas

rimot
afstandsbediening

darduma
mat

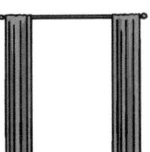

labule
gordijn

teburi
tafel

kujera
stoel

kujera mai shillo
schommelstoel

kujera mai hannu
fauteuil

littafi

boek

bargo

deken

kwalliya

decoratie

itacen girki

brandhout

fim

film

kayan hi-fi

stereo-installatie

makulli

sleutel

jarida

krant

zanen fenti

schilderij

fasta

poster

rediyo

radio

takardar rubutu

notitieboekje

na'urar share darduma

stofzuiger

murtsunguwa

cactus

kyandir

kaars

firji
koelkast

na'urar dumama abinci
microgolfoven

ma'aunin kicin
keukenweegschaal

injin kyafe burodi
broodrooster

sinadarin wanki
afwasmiddel

tanda
oven

gidan kankara
vriesvak

kwandon shara
vuilnisbak

na'urar wanke kwanoni
vaatwasmachine

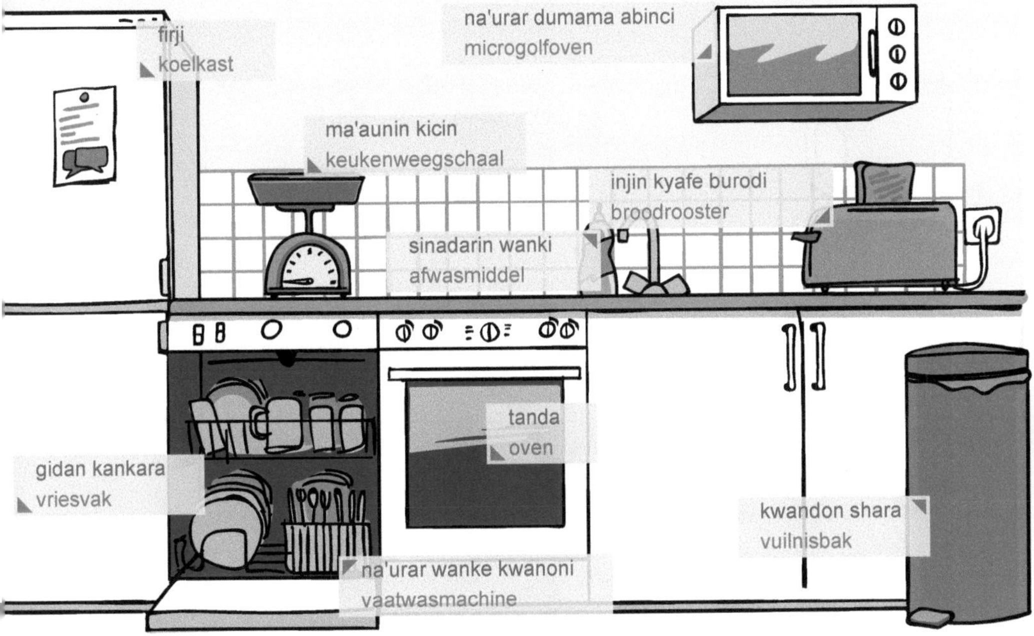

cooker

fornuis

tukunya

pot

tukunyar alminiyum

gietijzeren pot

kwanon suya

wok / kadai

kwanan suya

pan

buta

waterkoker

tukunyar dumi

stoomkoker

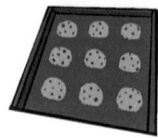

kwanan gashi

bakplaat

kayan tangaran

servies

tambulan

mok

kwano

kom

tsinkayen cin abinci

eetstokjes

ludayi

pollepel

ludayin suya

spatel

makadin kwai

garde

rariya

vergiet

mataci

zeef

na'urar nika

rasp

turmi

mortier

balangu

barbecue

wutar sarari

haardvuur

katakon yanke-yanke

snijplank

katakon murji

deegrol

mabudin kwalba

kurkentrekker

gwangwani

blik

mabudin gwangwani

blikopener

hannun tukunya

pannenlap

wurin wanke-wanke

gootsteen

burushi

borstel

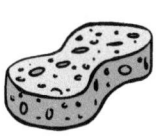

soso

spons

bilenda

blender

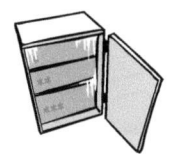

babban gidan kankara

vriezer

bulumboti

papfles

famfo

kraan

shaya
douche

bada dumi
verwarming

tawul
handdoek

labulen wanka
douchegordijn

wankan kumfa
bubbelbad

kwamin wanka
badkuip

gilashi
glas

injin wanki
wasmachine

famfo
kraan

tayil
tegels

fo
kinderpo

wurin wanke-wanke
gootsteen

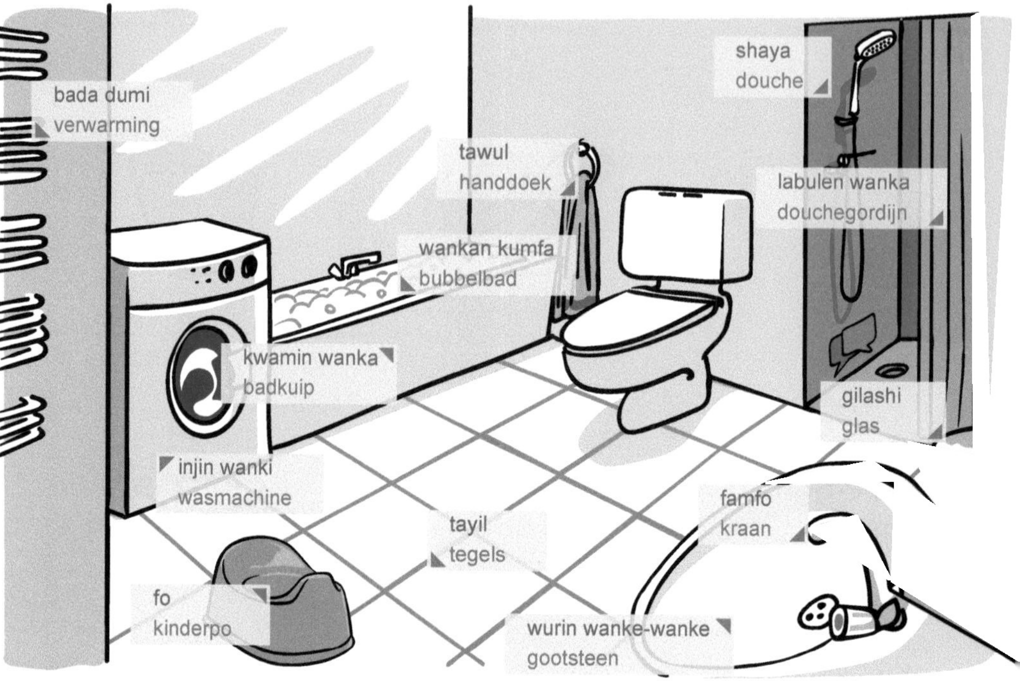

bandaki

toilet

bandakin tsuguno

hurktoilet

kwamin tsarki

bidet

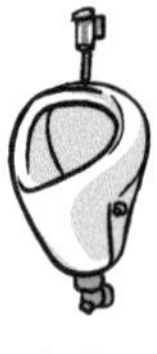

wurin fitsari

urinoir

takardar bandaki

toiletpapier

burushin bandaki

toiletborstel

burushin hakori

tandenborstel

man hakori

tandpasta

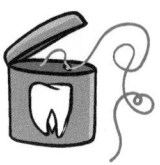

zaren sakace

flosdraad

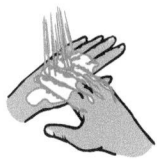

wanke

wassen

shayar hannu

handdouche

wankin farji

bidethanddouche

kwamin wanke hannu

waskom

burushin wanke baya

rugborstel

sabulu

zeep

ruwan sabulun wanka

douchegel

man gyaran gashi

shampoo

tsumman wanka

washandje

lambatu

afvoer

kirim

crème

turaren kamshi

deodorant

madubi

spiegel

madubin hannu

handspiegel

reza

scheermes

man yaran fuska

scheerschuim

man aski

aftershave

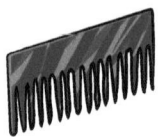

mataji

kam

burushi

borstel

na'urar busar da gashi

haardroger

man gashi

haarlak

kwalliya

make-up

jan-baki

lippenstift

man farce

nagellak

audugar goge kunne

watten

almakashin yankan farce

nagelknipper

turare

parfum

jakar wanka

toilettas

bahaya

kruk

ma'aunin nauyi

weegschaal

rigar wanka

badjas

safar roba

latex handschoenen

audugar haila

tampon

audugar mata

maandverband

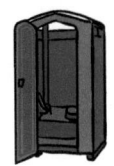

bandakin tafi-da-gidanka

chemisch toilet

kinderkamer

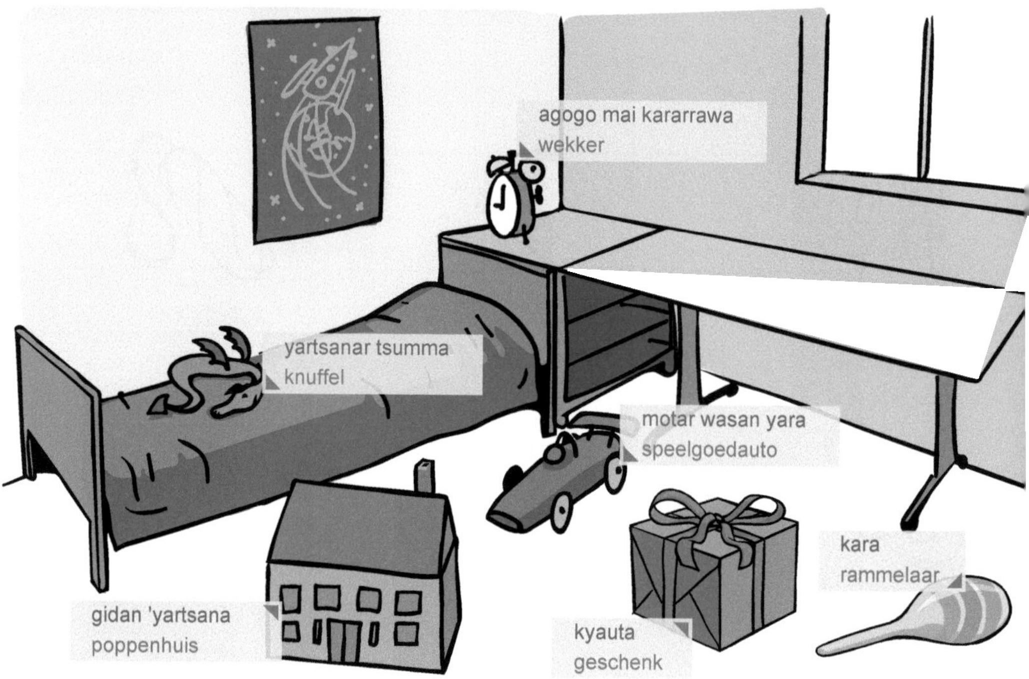

agogo mai kararrawa
wekker
yartsanar tsumma
knuffel
motar wasan yara
speelgoedauto
kara
rammelaar
gidan 'yartsana
poppenhuis
kyauta
geschenk

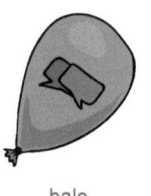

balo

ballon

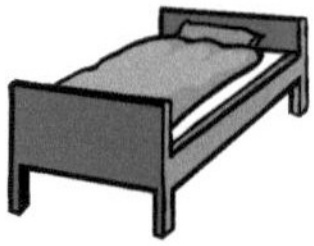

gado

bed

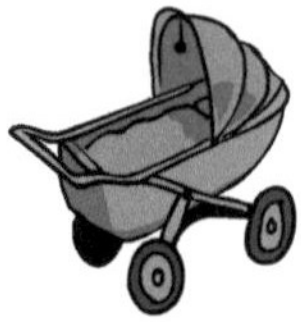

keken jarirai

kinderwagen

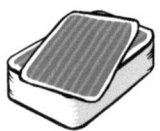

benen kwalaye

spel kaarten

wasa kwakwalwa

puzzel

SUPER
MEGA

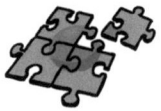

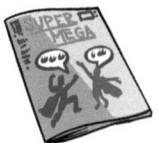

ban dariya

stripboek

tubalan roba

legoblokjes

tubalan gini

blokken

mutum-mai-aiki

actiefiguur

rigar jariri

kruippakje

Dokin iska

frisbee

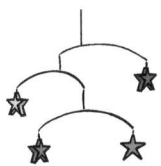

tafi-da-gidanka

mobiel

wasan dara

bordspel

dan ludo

dobbelsteen

zubin kwatancin jirgin kasa

modelspoorweg

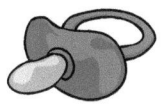

mutum-mutumi

fopspeen

walima

feest

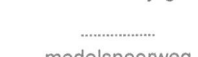

littafi mai hotuna

prentenboek

kwallo

bal

yartsana

pop

yi wasa

spelen

akwatin yashi

zandbak

lilo

schommel

kayan wasan yara

speelgoed

allon wasannin bidiyo

spelconsole

babur mai taya uku

driewieler

yartsanar tsumma

knuffelbeer

wadirob

kleerkast

kleding

safa

sokken

sitokins

kousen

matse-jiki

maillot

adiko
sjaal

belet
riem

lema
paraplu

t-shat
T-shirt

takalman aiki
laarzen

takalman silifas
slippers

takalman wasa
sneakers

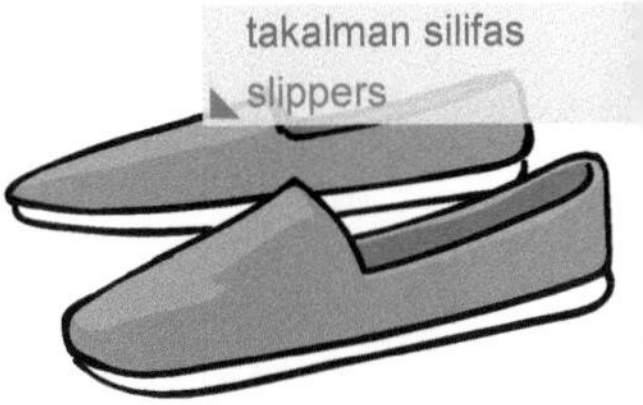

takalman sandal
....
sandalen

takalma
....
schoenen

takalman roba
....
rubberlaarzen

kamfai
....
onderbroek

rigar nono
....
beha

falmaran
....
onderhemd

jiki

lichaam

wando

broek

jeans

jeans

dantofi

rok

rigar mata

blouse

karamar riga

hemd

riga mai hula

trui

hular riga

capuchontrui

bileza

blazer

jaket

jas

kwat

jas

rigar ruwa

regenjas

kayan yayi

kostuum

kayan sawa

jurk

rigar aure

trouwjurk

kwat da wando

pak

rigar dare

nachthemd

kayan barci

pyjama

sari

sari

dankwali

hoofddoek

rawani

tulband

hijabi

boerka

kaftani

kaftan

abaya

abaya

rigar iyo

badpak

wandon wasa

zwembroek

gajeran wando

short

kayan wasanni

trainingspak

kyallen aiki

schort

safar hannu

handschoenen

maballi

knoop

tabarau

bril

awarwaro

armband

tsakiya

ketting

zobe

ring

dan kunne

oorbel

hula

pet

maratayin kwat

kapstok

malafa

hoed

lakataya

das

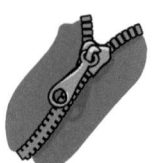

zi

rits

hular kwano

helm

masu daidaita hakori

bretellen

kayan makaranta

schooluniform

yunifom

uniform

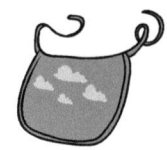

kyallen cin abincin jariri

....

slabbetje

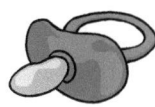

mutum-mutumi

....

fopspeen

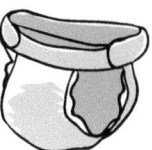

kunzugu

....

luier

kantoor

saba
server
kabed din fayiloli
dossierkast
na'urar dab'i
takarda
papier
fuskar kwamfuta
monitor
mouse
muis
allon madannai
toestenbord

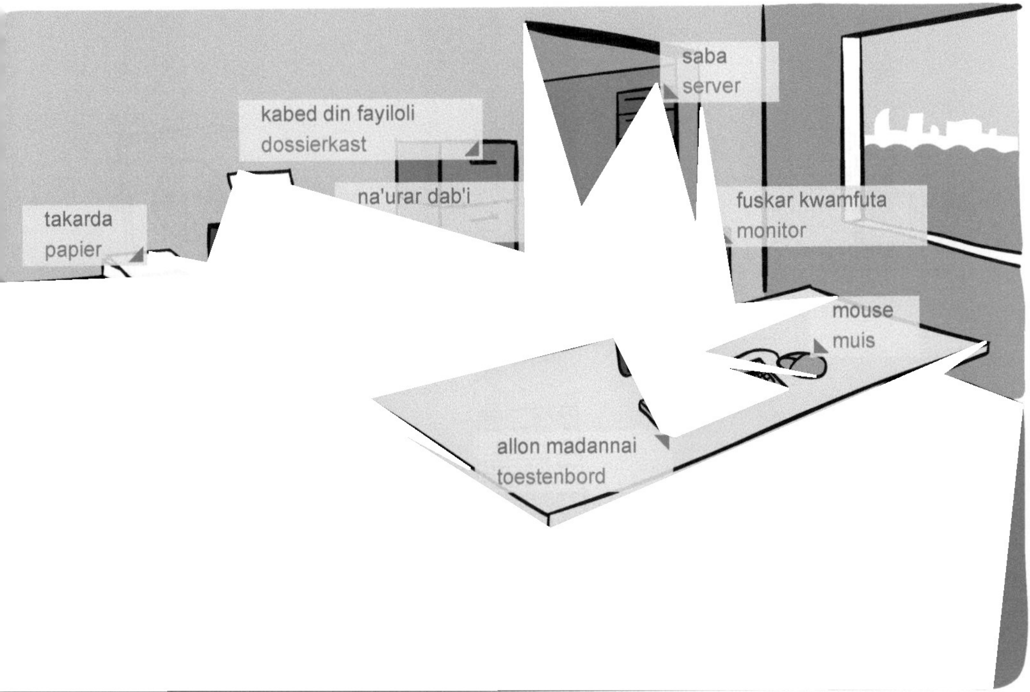

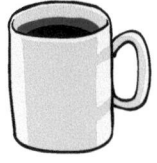

tambulan kofi

....

koffiemok

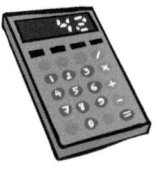

kwakuleta

....

rekenmachine

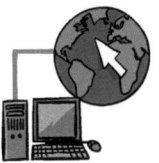

intanet

....

internet

laptop
laptop

wasika
brief

sako
bericht

tafi-da-gidanka
gsm

sadarwa
netwerk

na'urar hoton takarda
kopieerapparaat

kwakwalwar kwamfuta
software

tarho
telefoon

jona soket
stopcontact

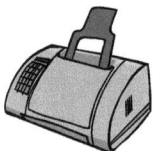

na'urar faks
fax

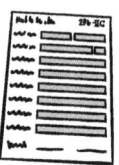

fom
formulier

daftari
document

sayi
....
kopen

biya
....
betalen

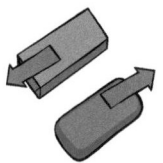

yi ciniki
....
handelen

kudi
....
geld

USD

dala
....
dollar

EUR

euro
....
euro

JPY

yen
....
yen

RUB

robul
....
roebel

CHF

franc na Swiss
....
Zwitserse frank

CNY

renminbi yuan
....
Chinese renminbi

INR

rupee
....
roepie

injin bada kudi
....
geldautomaat

gidan canjin kudi

wisselkantoor

zinare

goud

azurfa

zilver

mai

olie

makamashi

energie

farashi

prijs

matuntuba

contract

haraji

belasting

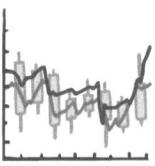

kaya

aandeel

yi aiki

werken

ma'aikaci

werknemer

mai daukar ma'aikata

werkgever

masana'anta

fabriek

kanti

winkel

beroepen

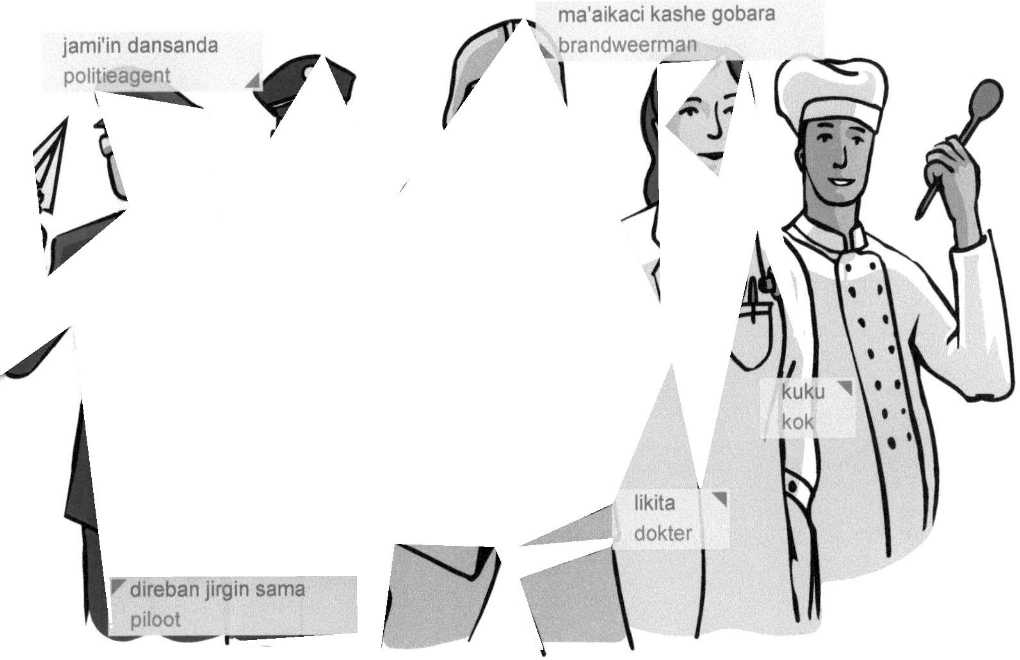
jami'in dansanda
politieagent
ma'aikaci kashe gobara
brandweerman
kuku
kok
likita
dokter
direban jirgin sama
piloot

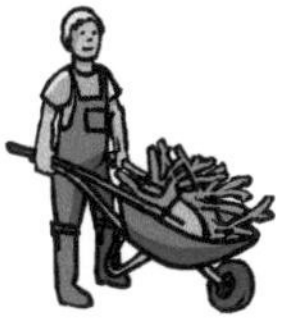

mai aikin lambu

tuinman

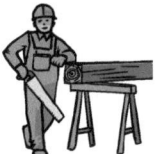

kafinta

timmerman

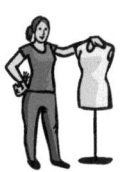

mace mai dinki

naaister

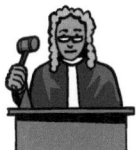

alkali

rechter

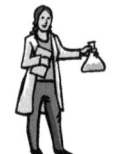

mai hada magunguna

chemicus

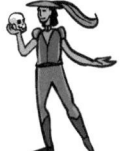

jarumi

acteur

direban bas

buschauffeur

direban tasi

taxichauffeur

masunci

visser

mace mai shara

schoonmaakster

mai aikin rufi

dakdekker

sabis

ober

mafarauci

jager

mai fenti

schilder

mai yin burodi

bakker

mai gyaran lantarki

elektricien

magini

bouwvakker

injiniya

ingenieur

mahauci

slager

mai gyaran famfo

loodgieter

mai raba wasiku

postbode

soja

soldaat

mai zayyanar gidaje

architect

mai biyan kudi

kassier

mai sayar da furanni

bloemist

mai gyaran gashi

kapper

mai kida

conducteur

bakanike

mecanicien

kyaftin

kapitein

likitan hakori

tandarts

masanin kimiyya

wetenschapper

limamin yahudu

rabbijn

liman

imam

mai ibadar kirista

monnik

malamin addini

geestelijke

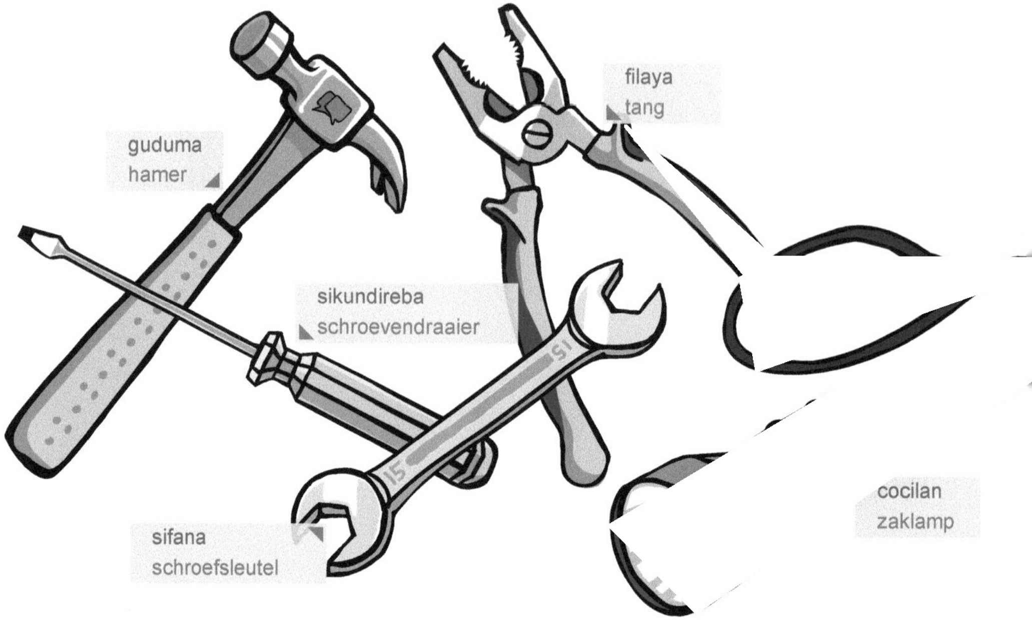

guduma
hamer

filaya
tang

sikundireba
schroevendraaier

sifana
schroefsleutel

cocilan
zaklamp

diga
graafmachine

akwatin kayan aiki
gereedschapskoffer

tsani
ladder

zarto
zaag

kusoshi
spijkers

abin hudawa
boormachine

gyara
reparere

chebur
schop

Tafdi!
Verdomme!

makwashin shara
blik

tukunyar fenti
verfpot

kusoshi masu barima
schroeven

muziekinstrumenten

tarkacen ganga
drumstel

lasifika
luidspreker

jita
gitaar

rubin sauti
contrabas

begila
trompet

fiyano

piano

goge

viool

karamin sauti

basgitaar

gangunan timpani

pauk

ganguna

trommels

masarrafin fiyano

keyboard

saxophone

saxofoon

sarewa

fluit

makirfo

microfoon

mashigi
ingang

keji
kooi

jakin dawa
zebra

abincin dabbobi
diereneten

panda
panda

dabbobi
....
dieren

giwa
....
olifant

babba-da-jaka
....
kangoeroe

karkanda
....
neushoorn

goggon biri
....
gorilla

dabbar bear
....
beer

rakumi

kameel

jimina

struisvogel

zaki

leeuw

biri

aap

dinya

flamingo

aku

papegaai

bear ta yankin kankara

ijsbeer

penguin

pinguïn

kifin shark

haai

dawisu

pauw

maciji

slang

kada

krokodil

mai tsaro zu

dierenverzorger

seal

zeehond

damisar jaguar

jaguar

dukushi

pony

damisar leopard

luipaard

mugun dawa

nijlpaard

rakumin dawa

giraffe

mikiya

adelaar

aladen daji

wild zwijn

kifi

vis

kunkuru

zeeschildpad

walrus

walrus

dila

vos

barewa

gazelle

kwallon kafar Amurka
rugby

tseren keke
wielrennen

wasan tennis
tennis

kwallon kwando
basketbal

ninkaya
zwemmen

dambe
boksen

kwallon gora na cikin kai
ijshockey

kwallon kafa
voetbal

badiminton
badminton

wasannin motsa jiki
atletiek

kwallon hannu
handbal

wasan kan kankara
skiën

kwallon dawaki
polo

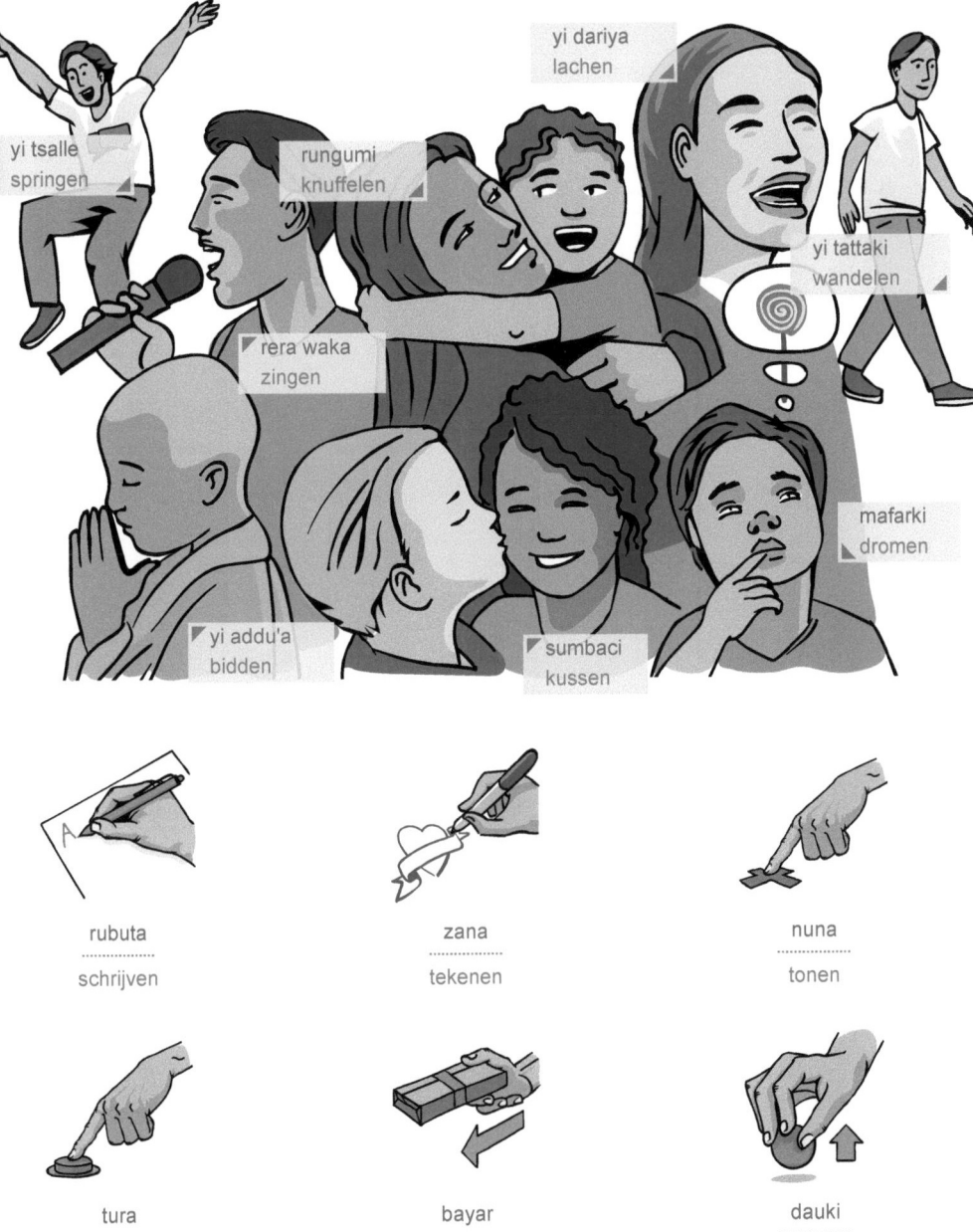

yi dariya
lachen

yi tsalle
springen

rungumi
knuffelen

yi tattaki
wandelen

rera waka
zingen

mafarki
dromen

yi addu'a
bidden

sumbaci
kussen

rubuta

schrijven

zana

tekenen

nuna

tonen

tura

duwen

bayar

geven

dauki

nemen

sami

hebben

yi

doen

kasance

zijn

tsaya

staan

gudu

lopen

jawo

trekken

jefa

gooien

faduwa

vallen

yi karya

liggen

jira

wachten

dauki

dragen

zauna

zitten

sanya tufafi

aankleden

yi barci

slapen

farka

ontwaken

kalli

kijken naar

kuka

wenen

bugi

aaien

taje

kammen

yi magana

praten

fahimci

begrijpen

tambayi

vragen

saurari

luisteren

sha

drinken

ci

eten

tattare

opruimen

yi soyayya

houden van

dafa

koken

yi tuki

rijden

tashi

vliegen

tafi a kwalekwale

zeilen

kwakuleta

rekenen

karanta

Lezen

koyi

leren

yi aiki

werken

yi aure

trouwen

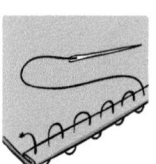

dinka

naaien

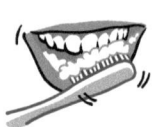

goge hakora

tandenpoetsen

kashe

doden

busa taba

roken

aika

sturen

kaka mace
grootmoeder

kaka namiji
grootvader

uba
vader

uwa
moeder

jariri
baby

ya
dochter

da
zoon

bako
gast

gwaggo
tante

kawu
oom

dan'uwa
broer

yar'uwa
zus

lichaam

goshi
voorhoofd
ido
oog
kafada
schouder
yatsa
vinger
fuska
gezicht
ha'ba
kin
hannu
hand
nono
borst
kafa
been
damtse
arm

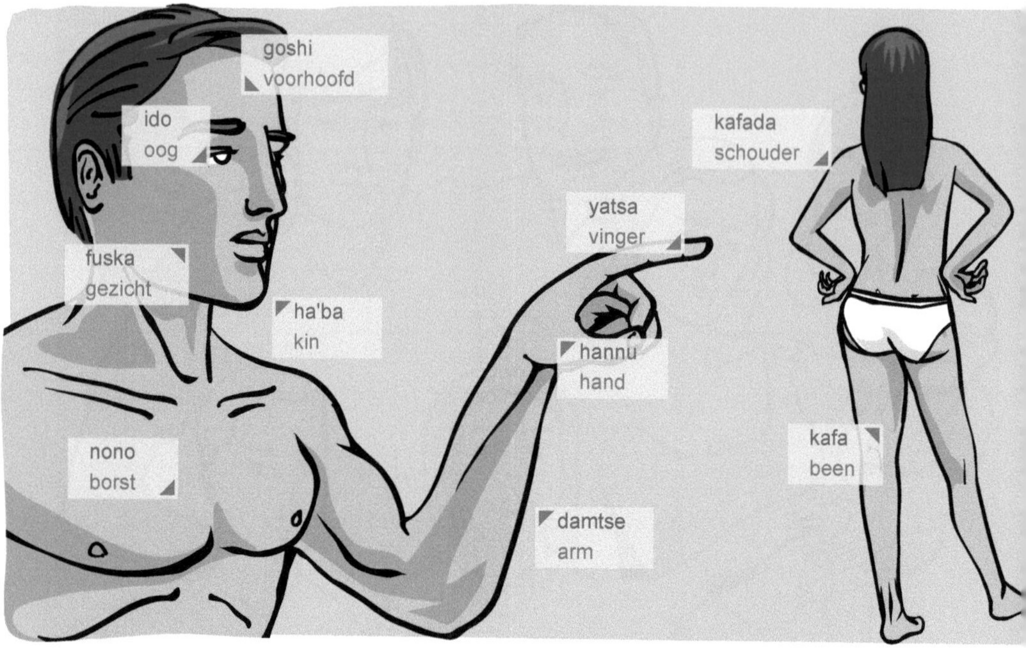

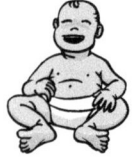

jariri

baby

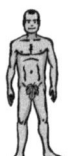

mutum

man

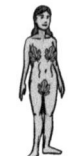

mace

vrouw

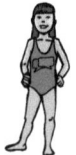

yarinya

meisje

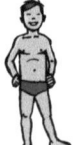

yaro

jongen

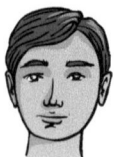

kai

hoofd

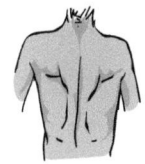

baya
rug

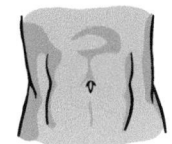

tulun ciki
buik

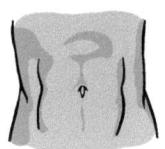

maballin ciki
navel

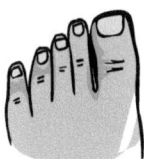

yatsan kafa
teen

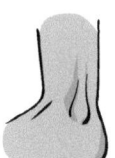

dudduge
hiel

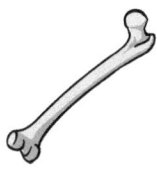

kashi
bot

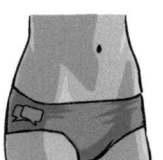

kugu
heup

guiwa
knie

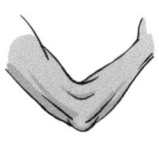

guiwar hannu
elleboog

hanci
neus

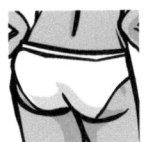

kasa
zitvlak

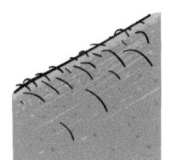

fata
huid

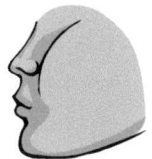

kumatu
wang

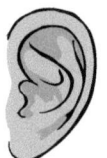

kunne
oor

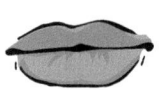

lebe
lip

wata

mond

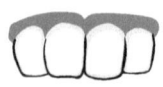

hakori

tand

harshe

tong

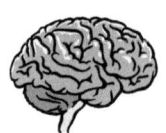

kwakwalwa

hersenen

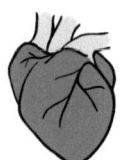

zuciya

hart

kwanji

spier

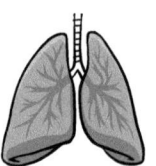

huhu

long

hanta

lever

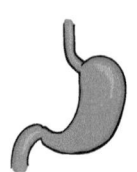

ciki

maag

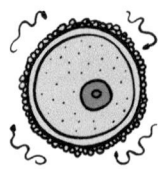

koda

nieren

jima'i

seks

kwaroron roba

condoom

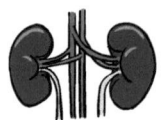

kwan mahaifa

eicel

maniyyi

sperma

juna-biyu

zwangerschap

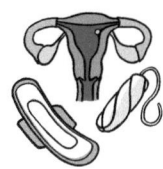

haila

menstruatie

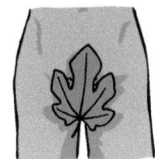

farji

vagina

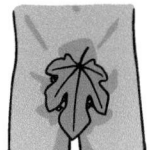

zakari

penis

gira

wenkbrauw

gashi

haar

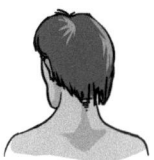

wuya

nek

ziekenhuis

asibiti
ziekenhuis
karaya
breuk

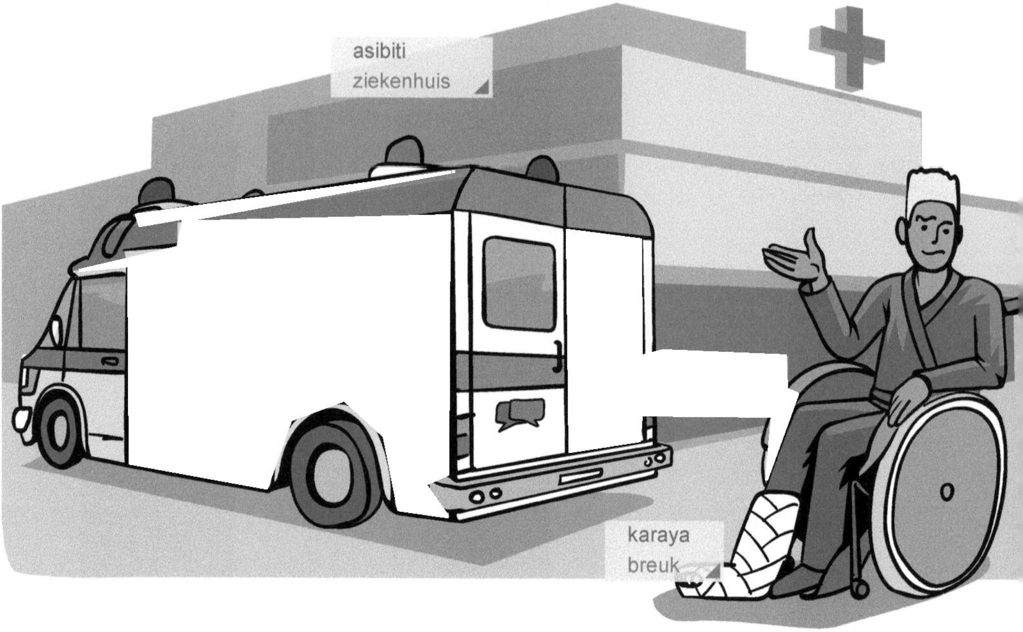

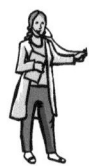

likita

dokter

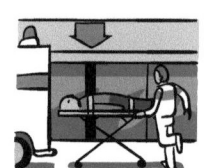

dakin kulawar gaggawa

spoed

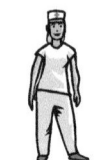

ma'aikaciyar jinya

verpleegkundige

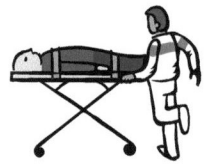

na gaggawa

noodgeval

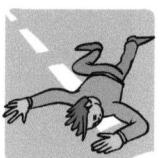

magashiyyan

bewusteloos

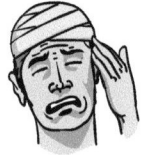

radadi

pijn

rauni

verwonding

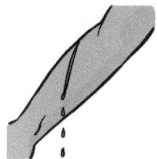

zubar jini

bloeding

bugun zuciya

hartaanval

bugun jini

beroerte

kyan-jiki

allergie

tari

hoest

zazzabi

koorts

mura

griep

gudawa

diarree

ciwon kai

hoofdpijn

cutar sankara

kanker

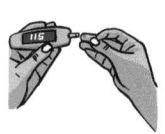

ciwon suga

diabetes

likitan tiyata

chirurg

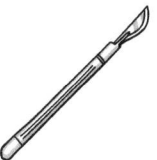

wukar likita

scalpel

tiyata

operatie

CT

CT

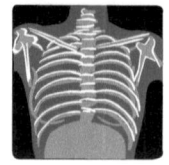

hoton kirji

röntgenstraal

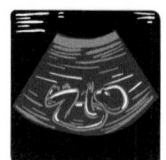

hoton ciki

ultrageluid

marufin fuska

gezichtsmasker

cuta

ziekte

dakin jira

wachtkamer

madogari

kruk

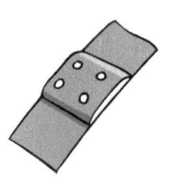

filasta

pleister

bandeji

verband

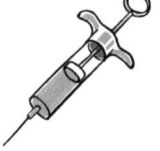

allura

injectie

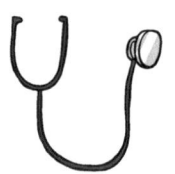

na'urar awon zuciya

stethoscoop

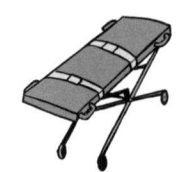

gadon daukar marar lafiya

brancard

na'urar auna zafin jiki

thermometer

haihuwa

geboorte

yawan nauyi

overgewicht

abin kara ji

hoorapparaat

sinadarin kashe kwayoyin
cuta

ontsmettingsmiddel

kamuwar cuta

infectie

kwayar cuta

virus

Cutar Kanjamau

HIV / AIDS

magani

medicijn

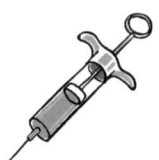

riga-kafi

vaccinatie

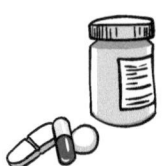

kwayoyin magani

tabletten

magani

pil

kiran gaggawa

noodoproep

ma'aunin hawan jini

bloeddrukmeter

cuta / lafiya

ziek / gezond

Taimako!

Help!

kararrawa

alarm

farmaki

overval

hari

aanval

hatsari

gevaar

kofar ko-takwana

nooduitgang

Wuta!

Brand!

abin kashe wuta

brandblusser

hadari

ongeval

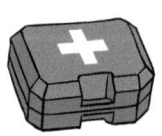

kayan taimakon gaggawa

EHBO-kit

Neman taimako

SOS

dansanda

politie

Turai

Europa

Amurka ta Arewa

Noord-Amerika

Amurka ta Kudu

Zuid-Amerika

Afirka

Afrika

Asiya

Azië

Australia

Australië

Atlantika

Atlantische Oceaan

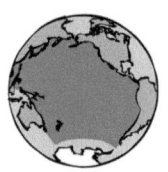

Pacific

Stille Oceaan

Tekun Indiya

Indische Oceaan

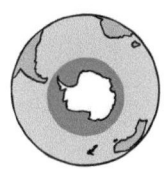

Tekun Antatika

Antarctische Oceaan

Tekun Arctic

Arctische Oceaan

Barin duniya na Arewa

Noordpool

Barin duniya na Kudu
Zuidpool

Antatika
Antarctica

Kasa
aarde

tsandauri
land

kogi
zee

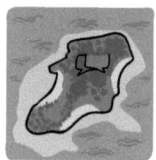

tsibiri
eiland

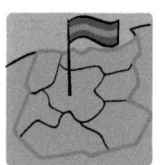

kasa
natie

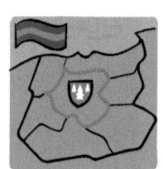

jiha
staat

fuskar agogo

wijzerplaat

hannun awa

uurwijzer

hannun mintuna

minuutwijzer

hannun dakika

secondewijzer

Karfe nawa yanzu?

Hoe laat is het?

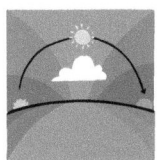

rana

dag

lokaci

tijd

yanzu

nu

agogon dijita

digitale horloge

minti

minuut

awa

uur

week

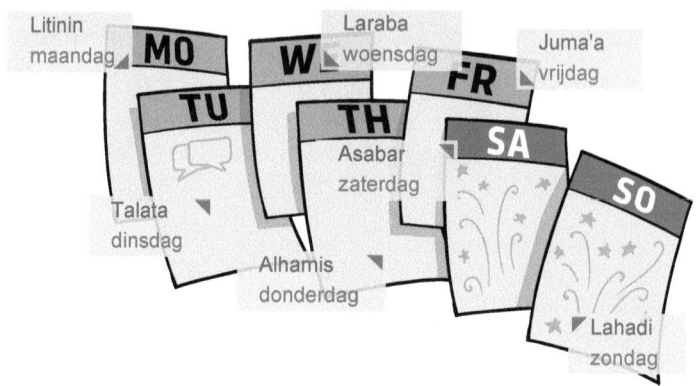

jiya

gisteren

yau

vandaag

gobe

morgen

safiya

ochtend

tsakar rana

middag

yamma

avond

ranakun kasuwanci

werkdagen

karshen mako

weekend

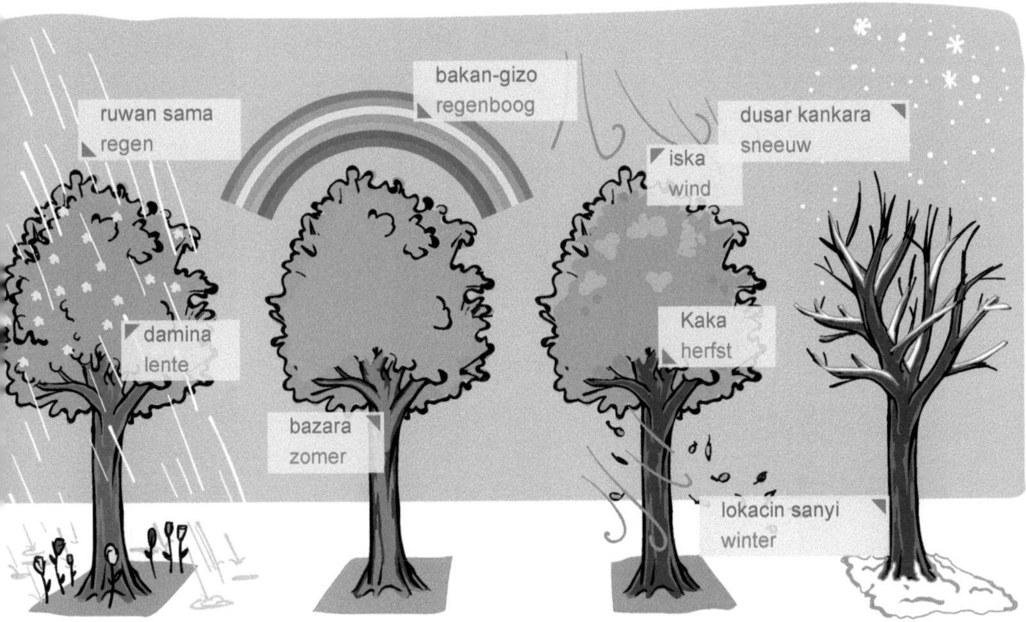

ruwan sama
regen
bakan-gizo
regenboog
dusar kankara
sneeuw
iska
wind
damina
lente
bazara
zomer
Kaka
herfst
lokacin sanyi
winter

4.APRIL 11°
5.APRIL 4°
6.APRIL 13°
7.APRIL 8°
8.APRIL 10°

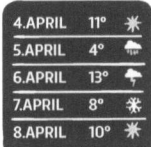

hasashen yanayi

....

weervoorspelling

F C
120 40
90 30
60 20
30 10
0 0
-30 -10
-20

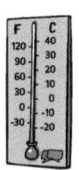

na'urar gwajin zafi da sanyi

....

thermometer

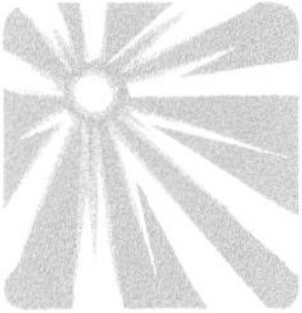

hasken rana

....

zonneschijn

gajimare

....

wolk

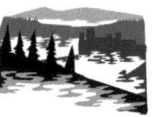

hazo

....

mist

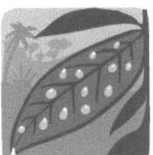

dumi

....

vochtigheid

walkiya

bliksem

aradu

donder

guguwa

storm

kankarar ruwan sama

hagel

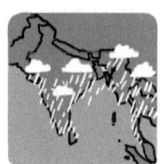

iskar bazara

moesson

ambaliyar ruwa

overstroming

kankara

ijs

Janairu

januari

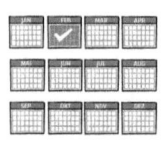

Fabarairu

februari

Maris

maart

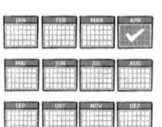

Afirilu

april

Mayu

mei

Yuni

juni

Yuli

juli

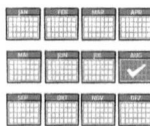

Agusta

augustus

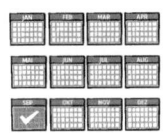

Satumba

september

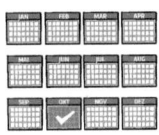

Oktoba

oktober

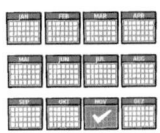

Nuwamba

november

Disamba

december

da'ira

cirkel

murabba'i

kwadraat

kusurwa hudu

rechthoek

kusurwa uku

driehoek

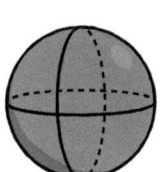

mulmulalle

bol

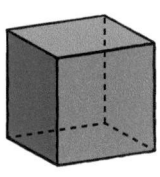

dunkule

kubus

fari

wit

rawaya

geel

ruwan lemo

oranje

ruwan shanshanbali

roze

ja

rood

garura

paars

shudi

blauw

kore

groen

ruwan kasa

bruin

ruwan toka

grijs

baki

zwart

da yawa / kadan

veel / weinig

fushi / nutsuwa

boos / kalm

kyakkyawa / mummuna

mooi / lelijk

farko / karshe

begin / einde

babba / karami

groot / klein

mai haske / mai duhu

licht / donker

dan uwa / 'yar uwa

broer / zus

mai tsafta / kazami

proper / vuil

cikakke / maras cika

volledig / onvolledig

rana / dare

dag / nacht

matacce / mai rai

dood / levend

mai fadi / matsattse

breed / smal

na ci / ba na ci ba

eetbaar / oneetbaar

mugu / mai tausayi

kwaadaardig / vriendelijk

mai karsashi / gajiyayye

opgewonden / verveeld

kakkaura / siriri

dik / dun

na farko / na karshe

eerst / laatst

aboki / makiyi

vriend / vijand

cikakke / holoko

vol / leeg

mai tauri / mai laushi

hard / zacht

mai nauyi / marar nauyi

zwaar / licht

yunwa / kishin ruwa

honger / dorst

cuta / lafiya

ziek / gezond

haramtacce / halastacce

illegaal / legaal

mai basira / dakiki

intelligent / dom

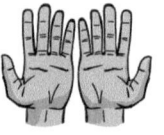

hagu / dama

links / rechts

kusa / nesa

dichtbij / veraf

sabo / na-hannu

nieuw / gebruikt

ba komai / wani abu

niets / iets

tsoho / yaro

oud / jong

kunna / kashe

aan / uit

a bude / a rufe

open / dicht

shiru / kara

stil / luid

mai arziki / talaka

rijk / arm

daidai / bata

juist / fout

mai kaushi / mai santsi

ruw / glad

bakin ciki / farin ciki

droevig / blij

gajere / dogo

kort / lang

a sannu / da sauri

traag / snel

jikakke / busasshe

nat / droog

dumi / sanyi

warm / koud

yaki / zaman lafiya

oorlog / vrede

0

sifili

nul

1

daya

één

2

biyu

twee

3

uku

drie

4

hudu

vier

5

biyar

vijf

6

shida

zes

7

bakwai

zeven

8

takwas

acht

9

tara

negen

10

goma

tien

11

goma sha daya

elf

12

goma sha biyu

twaalf

13

goma sha uku

dertien

14

goma sha hudu

veertien

15

goma sha biyar

vijftien

16

goma sha shida

zestien

17

goma sha bakwai

zeventien

18

goma sha takwas

achtien

19

goma sha tara

negentien

20

ashirin

twintig

100

dari

honderd

1.000

dubu

duizend

1.000.000

miliyan

miljoen

Turanci

Engels

Turancin Amurka

Amerikaans Engels

Mandarin na China

Chinees (Mandarijn)

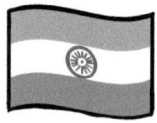

Hindi

Hindi

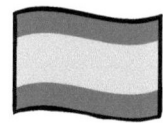

Sifaniyanci

Spaans

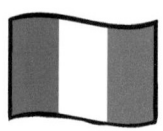

Faransanci

Frans

Larabci

Arabisch

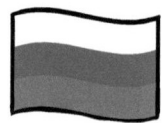

Yaren Rasha

Russisch

Yaren Portugal

Portugees

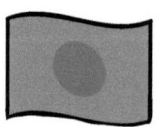

Bengali

Bengali

Yaren Jamus

Duits

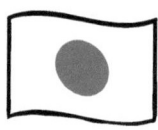

Yaren Japan

Japans

ni

ik

kai

u

shi / ita / ita

hij / zij / het

mu

wij

ku

u

su

ze

wa?

wie?

me?

wat?

ya ya?

hoe?

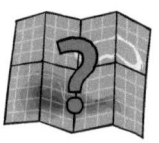

a ina?

waar?

yaushe?

wanneer?

suna

naam

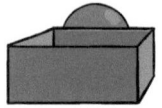

a baya

achter

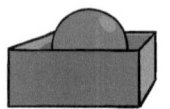

a ciki

in

a gaban

voor

saman

boven

akai

op

karkashi

onder

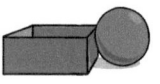

a gefe

naast

a tsakani

tussen

wuri

plaats